AF563467

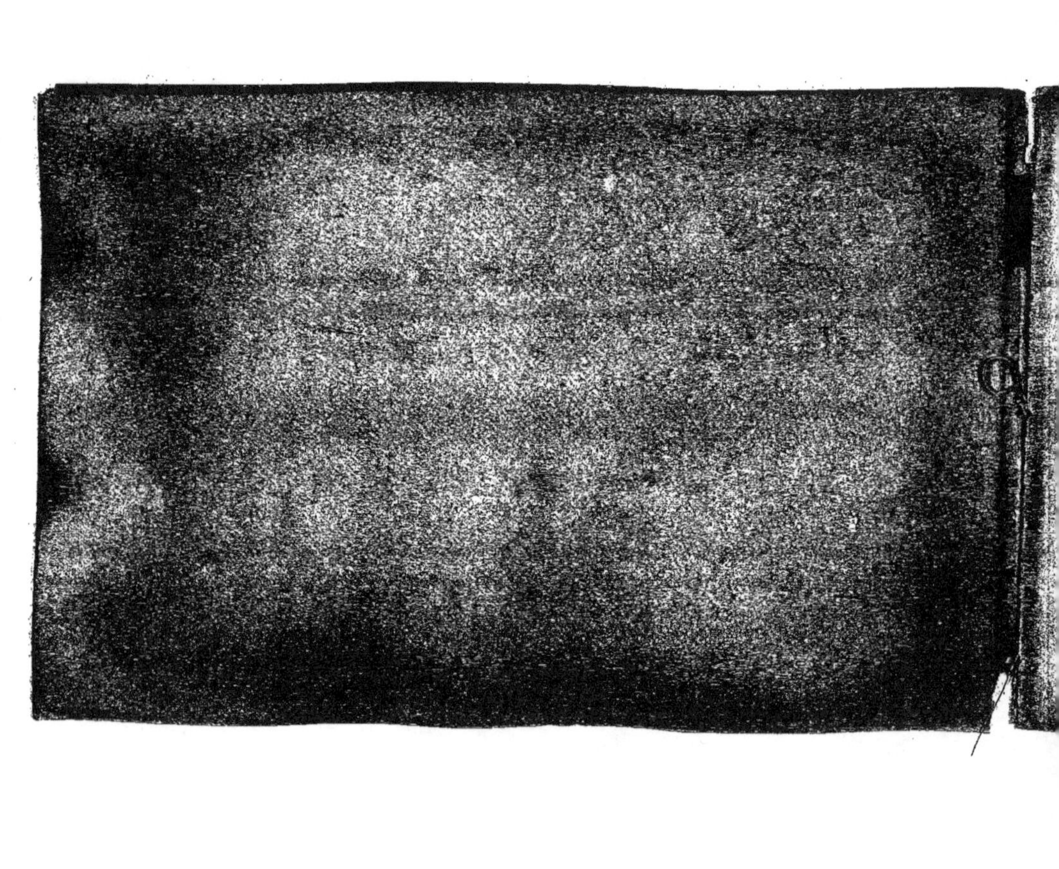

BARÈME

pour le cas de "GAGNANT" à l'unité de 10 francs

indépendant du prélèvement fixé par le Ministère.

Manière de procéder pour trouver le Rapport du cheval gagnant.

$M \times r$ — 1° Multiplier le nombre total des mises sur "gagnant" du totalisateur de l'enceinte par le rapport existant entre la somme à répartir et la recette. (Dans le cas du prélèvement fixé à 7 $^1/_2$ %, ce rapport est égal à $\frac{92,5}{100}$ ou 0,925 ; dans le cas du prélèvement fixé à 8 %, ce rapport est égal à $\frac{92}{100}$ ou 0,92 ;

$(M \times r) - m$ — 2° Du produit obtenu, retrancher le nombre total des mises prises sur le cheval arrivé gagnant (dans ce cas, $m = n_x$) ;

$\frac{(M \times r) - m}{n_x}$ — 3° Diviser le reste de cette soustraction par ce même nombre total des mises prises sur le cheval arrivé gagnant ;

4° Chercher dans le présent barème la place qu'occuperait dans la colonne rouge le quotient ainsi obtenu; en regard de l'intervalle, dans la colonne noire, se trouve indiquée en francs et centimes la valeur du rapport du gagnant, c'est-à-dire la somme à payer par mise.

Cas d'Écurie couplée.

Si le gagnant fait partie d'une écurie de deux chevaux ou plus, on fera le total de toutes les mises « gagnant » prises sur tous les chevaux de l'écurie, et, considérant ce total comme étant celui d'un seul cheval gagnant, on procédera comme il vient d'être indiqué.

Cas de Dead-Heat.

En cas de Dead-Heat au gagnant entre **2** ou **3** chevaux, le calcul de la répartition se fera comme dans les cas de **2** ou de **3** **Placés** et la recherche de la place de chacun des quotients trouvés aura lieu dans le barème **Placés** correspondant et **de même unité**.

Exemple du cas ordinaire.

Données de la 1re course du 24 Mai 1903 à Longchamp (prélèvement 7 $^1/_2$ %, **r** = 0,925) :

M, le total général des Mises sur « gagnant » au Pesage était égal à 6685;
m, le total des mises sur le cheval 8 arrivé gagnant était égal à 692;
La répartition a payé 89 fr 50 par mise du cheval 8.

Faisons les calculs par la méthode du barème.

1re opération : 6685 × 0,925 = 6183,625;
2e — 6183,625 — 692 = 5491,625 ;
3e — 5491,625 : 692 = **7,935** et un reste ;
4e — Cherchons la place du quotient **7,935** dans les colonnes rouges du présent barème ; **7,935** est entre **7,925** et **7,975** et correspond à 89 fr 50 de la colonne noire qui indique la somme à payer par mise. C'est bien le résultat qu'avait fourni le calcul ordinaire.

Exemple d'Écurie couplée.

Données de la 2e course du 24 Mai 1903 à Longchamp (prélèvement de 7 1/2 %; **n** = 0,925).

M, le total général des Mises sur « gagnant » au Pesage était égal à 9580.

m, le total des mises gagnant sur les chevaux 2 et 1 (Ecurie couplée) était 5886.

n_2, — — sur le cheval 2 arrivé premier.	567	}	5886
n_1, — — — 1 compagnon d'écurie	5319	}	

La répartition a payé 15 fr par mise de chacun des deux chevaux.

Faisons les calculs par la méthode du barème.

1re opération : 9580 × 0,925 = 8861,5 ;
2e — 8861,5 — 5886 = 2975,5;
3e — 2975,5 : 5886 = **0,505** ;
4e — Cherchons la place qu'occuperait **0,505** dans les colonnes rouges du présent barème :

0,505 est compris entre **0,475** et **0,525** et correspond à la somme de 15 fr à payer par mise, résultat identique à celui fourni par le calcul ordinaire.

Exemple de Dead-Heat.

Données de la 2e course du 9 Septembre 1900 à Longchamp (prélèvement 7 %; **r** = 0.93) :

M, total général des Mises sur « gagnant » au Pesage . . . . = 3112;

Arrivée en Dead-Heat : Chevaux 2 et 5 ;

n_2, total des mises sur "gagnant" sur le cheval n° 2 . . . . =	1637	}	**m** = 2211
n_5, — — — n° 5 . . . . =	574	}	

La répartition a payé 12 fr pour le cheval 2 et 16 fr pour le cheval 5.

Faisons les calculs par la méthode du barème.

1re opération : 3112 × 0,93 = 2894,16 ;
2e — 2894,16 — 2211 = 683,16 ;
3e — { 683,16 : 1637 = **0,417** ; 683,16 : 574 = **1,190** ;

4e — Cherchons dans les colonnes rouges du **Barème à 10 fr cas de deux Placés** les places des quotients **0,417** et **1,190**.

0,417 est compris entre **0,35** et **0,45** et correspond à 12 fr à payer au cheval 2.

1,190 est compris entre **1,15** et **1,25** et — à 16 fr à payer au cheval 5, résultats identiques à ceux fournis par le calcul ordinaire.

Nota. — Si le Dead-Heat était à 3 têtes, on ferait comme dans le **cas de 3 Placés** et on chercherait les trois quotients dans le **Barème à 10 fr cas de Trois Placés.**

---

10 F^rs GAGNANT

	FR. C.		FR. C.		FR. C.		FR. C.
0,025	10 »	1,025	20 »	2,025	30 »	3,025	40 »
075	10.50	075	20.50	075	30.50	075	40.50
125	11 »	125	21 »	125	31 »	125	41 »
175	11.50	175	21.50	175	31.50	175	41.50
225	12 »	225	22 »	225	32 »	225	42 »
275	12.50	275	22.50	275	32.50	275	42.50
325	13 »	325	23 »	325	33 »	325	43 »
375	13.50	375	23.50	375	33.50	375	43.50
425	14 »	425	24 »	425	34 »	425	44 »
475	14.50	475	24.50	475	34.50	475	44.50
525	15 »	525	25 »	525	35 »	525	45 »
575	15.50	575	25.50	575	35.50	575	45.50
625	16 »	625	26 »	625	36 »	625	46 »
675	16.50	675	26.50	675	36.50	675	46.50
725	17 »	725	27 »	725	37 »	725	47 »
775	17.50	775	27.50	775	37.50	775	47.50
825	18 »	825	28 »	825	38 »	825	48 »
875	18.50	875	28.50	875	38.50	875	48.50
925	19 »	925	29 »	925	39 »	925	49 »
075	19.50	975	29.50	975	39.50	975	49.50
	20 »		30 »		40 »		50 »

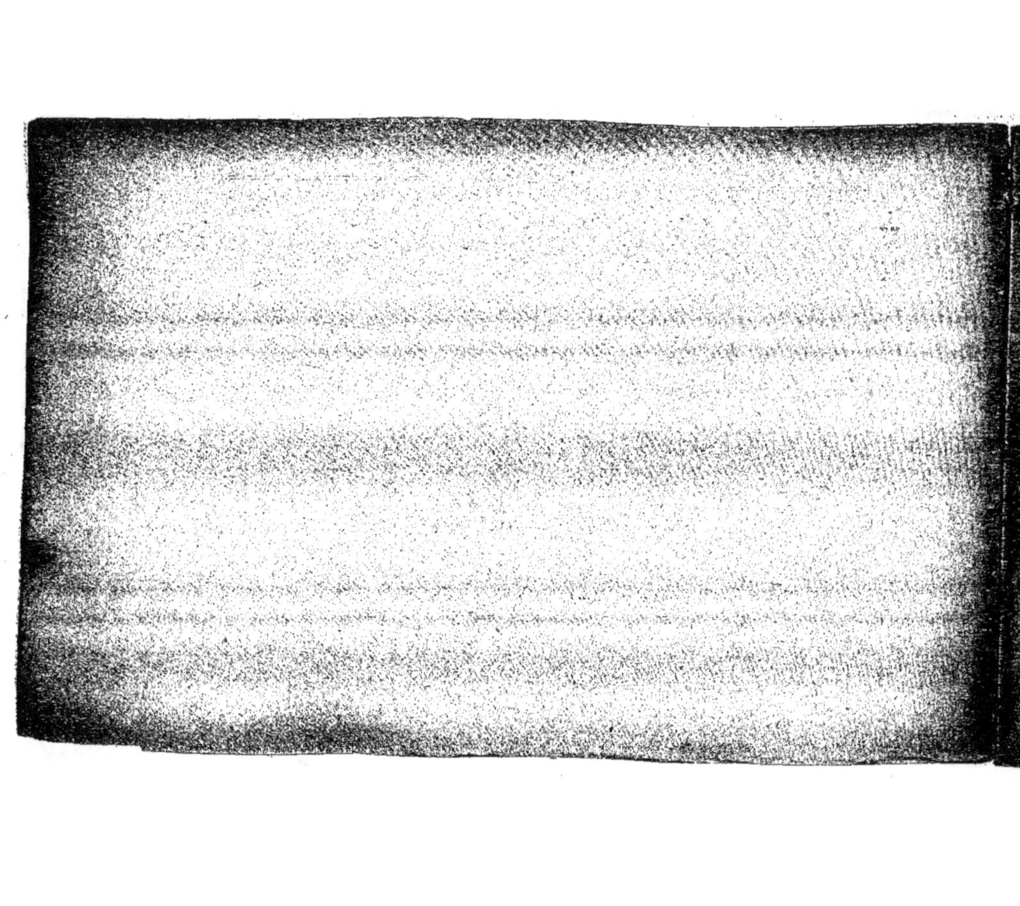

10 F^RS GAGNANT

	FR. C.		FR. C.		FR. C.		FR. C.
	50 »		60 »		70 »		80 »
4,025	50.50	**5,025**	60.50	**6,025**	70.50	**7,025**	80.50
075	51 »	075	61 »	075	71 »	075	81 »
125	51.50	125	61.50	125	71.50	125	81.50
175	52 »	175	62 »	175	72 »	175	82 »
225	52.50	225	62.50	225	72.50	225	82.50
275	53 »	275	63 »	275	73 »	275	83 »
325	53.50	325	63.50	325	73.50	325	83.50
375	54 »	375	64 »	375	74 »	375	84 »
425	54.50	425	64.50	425	74.50	425	84.50
475	55 »	475	65 »	475	75 »	475	85 »
525	55.50	525	65.50	525	75.50	525	85.50
575	56 »	575	66 »	575	76 »	575	86 »
625	56.50	625	66.50	625	76.50	625	86.50
675	57 »	675	67 »	675	77 »	675	87 »
725	57.50	725	67.50	725	77.50	725	87.50
775	58 »	775	68 »	775	78 »	775	88 »
825	58.50	825	68.50	825	78.50	825	88.50
875	59 »	875	69 »	875	79 »	875	89 »
925	59.50	925	69.50	925	79.50	925	89.50
975	60 »	975	70 »	975	80 »	975	90 »

10 F^rs GAGNANT

	FR. C.		FR. C.		FR. C.		FR. C.
8,025	90 »	**9,025**	100 »	**10,025**	110 »	**11,025**	120 »
075	90.50	075	100.50	075	110.50	075	120.50
125	91 »	125	101 »	125	111 »	125	121 »
175	91.50	175	101.50	175	111.50	175	121.50
225	92 »	225	102 »	225	112 »	225	122 »
275	92.50	275	102.50	275	112.50	275	122.50
325	93 »	325	103 »	325	113 »	325	123 »
375	93.50	375	103.50	375	113.50	375	123.50
425	94 »	425	104 »	425	114 »	425	124 »
475	94.50	475	104.50	475	114.50	475	124.50
525	95 »	525	105 »	525	115 »	525	125 »
575	95.50	575	105.50	575	115.50	575	125.50
625	96 »	625	106 »	625	116 »	625	126 »
675	96.50	675	106.50	675	116.50	675	126.50
725	97 »	725	107 »	725	117 »	725	127 »
775	97.50	775	107.50	775	117.50	775	127.50
825	98 »	825	108 »	825	118 »	825	128 »
875	98.50	875	108.50	875	118.50	875	128.50
925	99 »	925	109 »	925	119 »	925	129 »
975	99.50	975	109.50	975	119.50	975	129.50
	100 »		110 »		120 »		130 »

10 F^RS GAGNANT

	FR. C.		FR. C.		FR. C.		FR. C.
	130 »		140 »		150 »		160 »
12,025	130.50	**13,025**	140.50	**14,025**	150.50	**15,025**	160.50
075	131 »	075	141 »	075	151 »	075	161 »
125	131.50	125	141.50	125	151.50	125	161.50
175	132 »	175	142 »	175	152 »	175	162 »
225	132.50	225	142.50	225	152.50	225	162.50
275	133 »	275	143 »	275	153 »	275	163 »
325	133.50	325	143.50	325	153.50	325	163.50
375	134 »	375	144 »	375	154 »	375	164 »
425	134.50	425	144.50	425	154.50	425	164.50
475	135 »	475	145 »	475	155 »	475	165 »
525	135.50	525	145.50	525	155.50	525	165.50
575	136 »	575	146 »	575	156 »	575	166 »
625	136.50	625	146.50	625	156.50	625	166.50
675	137 »	675	147 »	675	157 »	675	167 »
725	137.50	725	147.50	725	157.50	725	167.50
775	138 »	775	148 »	775	158 »	775	168 »
825	138.50	825	148.50	825	158.50	825	168.50
875	139 »	875	149 »	875	159 »	875	169 »
925	139.50	925	149.50	925	159.50	925	169.50
975	140 »	975	150 »	975	160 »	975	170 »

10 F^rs GAGNANT

	FR. C.		FR. C.		FR. C.		FR. C.
	170 »		180 »		190 »		200 »
16,025	170.50	**17**,025	180.50	**18**,025	190.50	**19**,025	200.50
075	171 »	075	181 »	075	191 »	075	201 »
125	171.50	125	181.50	125	191.50	125	201.50
175	172 »	175	182 »	175	192 »	175	202 »
225	172.50	225	182.50	225	192.50	225	202.50
275	173 »	275	183 »	275	193 »	275	203 »
325	173.50	325	183.50	325	193.50	325	203.50
375	174 »	375	184 »	375	194 »	375	204 »
425	174.50	425	184.50	425	194.50	425	204.50
475	175 »	475	185 »	475	195 »	475	205 »
525	175.50	525	185.50	525	195.50	525	205.50
575	176 »	575	186 »	575	196 »	575	206 »
625	176.50	625	186.50	625	196.50	625	206.50
675	177 »	675	187 »	675	197 »	675	207 »
725	177.50	725	187.50	725	197.50	725	207.50
775	178 »	775	188 »	775	198 »	775	208 »
825	178.50	825	188.50	825	198.50	825	208.50
875	179 »	875	189 »	875	199 »	875	209 »
925	179.50	925	189.50	925	199.50	925	209.50
975	180 »	975	190 »	975	200 »	975	210 »

10 F^{rs} GAGNANT

	Fr. c.		Fr. c.		Fr. c.		Fr. c.
	210 »		220 »		230 »		240 »
20,025	210.50	**21.025**	220.50	**22,025**	230.50	**23,025**	240.50
075	211 »	075	221 »	075	231 »	075	241 »
125	211.50	125	221.50	125	231.50	125	241.50
175	212 »	175	222 »	175	232 »	175	242 »
225	212 50	225	222.50	225	232.50	225	242.50
275	213 »	275	223 »	275	233 »	275	243 »
325	213.50	325	223.50	325	233.50	325	243.50
375	214 »	375	224 »	375	234 »	375	244 »
425	214.50	425	224.50	425	234.50	425	244.50
475	215 »	475	225 »	475	235 »	475	245 »
525	215.50	525	225.50	525	235.50	525	245.50
575	216 »	575	226 »	575	236 »	575	246 »
625	216.50	625	226.50	625	236.50	625	246.50
675	217 »	675	227 »	675	237 »	675	247 »
725	217.50	725	227.50	725	237.50	725	247.50
775	218 »	775	228 »	775	238 »	775	248 »
825	218.50	825	228.50	825	238.50	825	248.50
875	219 »	875	229 »	875	239 »	875	249 »
925	219.50	925	229.50	925	239.50	925	249 50
975	220 »	975	230 »	975	240 »	975	250 »

10 F^rs GAGNANT

	FR. C.		FR. C.		FR. C.		FR. C.
	250 »		260 »		270 »		280 »
24.025	250.50	**25**,025	260.50	**26**,025	270.50	**27**,025	280.50
075	251 »	075	261 »	075	271 »	075	281 »
125	251.50	125	261.50	125	271.50	125	281.50
175	252 »	175	262 »	175	272 »	175	282 »
225	252.50	225	262.50	225	272.50	225	282.50
275	253 »	275	263 »	275	273 »	275	283 »
325	253.50	325	263.50	325	273.50	325	283.50
375	254 »	375	264 »	375	274 »	375	284 »
425	254.50	425	264.50	425	274.50	425	284.50
475	255 »	475	265 »	475	275 »	475	285 »
525	255.50	525	265.50	525	275.50	525	285.50
575	256 »	575	263 »	575	276 »	575	286 »
625	256.50	625	266.50	625	276.50	625	286.50
675	257 »	675	267 »	675	277 »	675	287 »
725	257.50	725	267.50	725	277.50	725	287.50
775	258 »	775	268 »	775	278 »	775	288 »
825	258.50	825	268.50	825	278.50	825	288.50
875	259 »	875	269 »	875	279 »	875	289 »
925	259.50	925	269.50	925	279.50	925	289.50
975	260 »	975	270 »	975	280 »	975	290 »

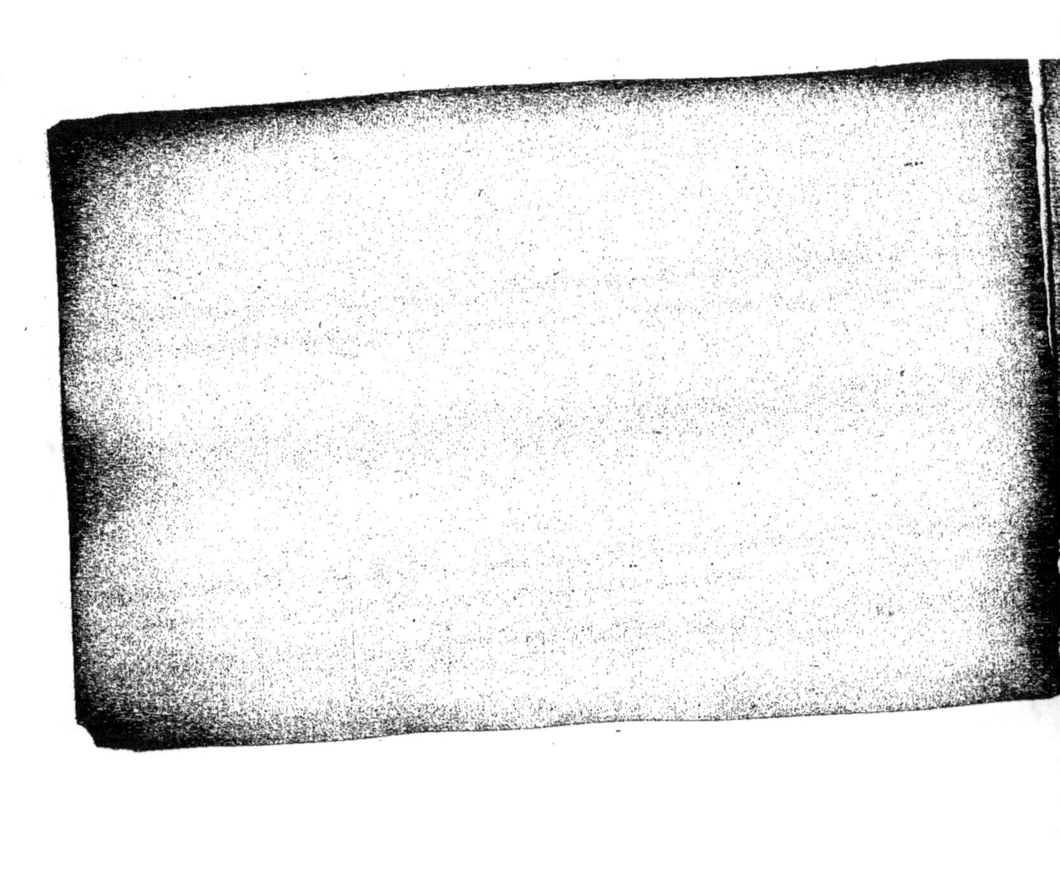

	FR. C.
	290 »
28,025	
	290.50
075	
	291 »
125	
	291.50
175	
	292 »
225	
	292.50
275	
	293 »
325	
	293.50
375	
	294 »
425	
	294.50
475	
	295 »
525	
	295.50
575	
	296 »
625	
	296.50
675	
	297 »
725	
	297.50
775	
	298 »
825	
	298.50
875	
	299 »
925	
	299.50
975	
	300 »

Moyen de trouver le Résultat.

lorsque le quotient à chercher

dans le Barème "10fr Gagnant" est supérieur à **28,975**

REGLE :

On multiplie par **10** la différence entre le nombre considéré et **28,975** ; en négligeant dans le nombre ainsi obtenu la fraction de 50 centièmes, on obtient en francs la somme à ajouter à **300** francs pour avoir le résultat cherché.

Exemple :

Soit **78,783** le quotient auquel ont donné lieu les calculs effectués de la formule $\frac{(M \times r) - m}{n}$.

1re opération : **78,783** — **28,975** = 49,808 ;

2e — 49,808 × **10** = 498,08 soit 498 en négligeant la fraction de 50 centièmes ;

3e — **300** francs + 498 francs = 798 francs.

Le rapport cherché est 798 francs.

Nota. — Dans le cas de 498 *exactement et sans reste*, on compterait 497 fr. 50.

Dans le cas de 498,50 *exactement et sans reste*, on compterait 498 francs.

Imprimerie G. RICHARD, 7, Rue Cadet, Paris.

www.ingramcontent.com/pod-product-compliance
Lightning Source LLC
LaVergne TN
LVHW010313230826
846091LV00007B/3134

* 9 7 8 2 0 1 9 9 3 5 9 6 2 *